So wird es gemacht:

Öffne das LÜK®-Kontrollgerät und lege die Plättchen in den unbedruckten Deckel. Jetzt kannst du auf den Plättchen und auf dem Geräteboden die Zahlen 1 bis 24 sehen.

Beispiel: Seite 2
Kurze Selbstlaute hören
Nimm das Plättchen 1, lies den Text und entscheide, ob das Wort hinter der Aufgabennummer 1 kurz- oder langgesprochen wird. In der Lösungstabelle findest du die Feldzahl, auf die du das Plättchen im Kontrollgerät legen musst. Lege also das Plättchen 1 auf das Feld 23 im Geräteboden. Die Zahl **1** muss nach oben zeigen.

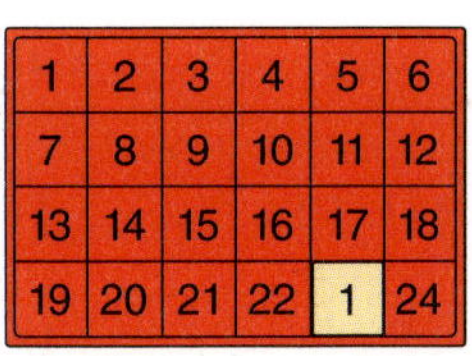

So musst du weiterarbeiten, bis alle Plättchen im Geräteboden liegen. Schließe dann das Gerät und drehe es um. Öffne es von der Rückseite. Wenn du das bei der Übungsreihe abgebildete Kontrollmuster siehst, hast du alle Aufgaben richtig gelöst.

Passen einige Plättchen nicht in das Muster, dann hast du dort Fehler gemacht. Drehe diese Plättchen da, wo sie liegen, um, schließe das Gerät, drehe es um und öffne es wieder.
Jetzt kannst du sehen, welche Aufgaben du falsch gelöst hast.

Nimm diese Plättchen heraus und suche die richtigen Ergebnisse. Kontrolliere dann noch einmal. Stimmt jetzt das Muster?

Das System ist für alle Übungen dasselbe: Die roten Aufgabennummern im Heft entsprechen immer den LÜK-Plättchen aus dem Kontrollgerät. Die Zahlen hinter den Lösungen sagen dir, auf welche Felder des Kontrollgerätes du die Plättchen legen musst.

In diesem Heft ist die Kontrolle bereits nach Lösungen der Aufgaben 1 bis 12 möglich. Lege auch nur die Plättchen 1 bis 12 in das Kontrollgerät.

Und nun viel Spaß!

Kurze Selbstlaute hören

Tipp 1

Nach einem kurzen Selbstlaut *(a, e, i, o, u)* oder nach einem kurzen Umlaut *(ä, ö, ü)* folgen fast immer zwei Mitlaute *(b, c, d, f, g...)*. Das können zwei unterschiedliche Mitlaute sein: *Apfel.* Wenn nur ein Mitlaut zu hören ist, dann wird er doppelt geschrieben: *das Blatt.*

1 Sprich die Wörter deutlich aus.
Wie wird der rote Selbstlaut gesprochen - kurz oder lang?

		kurz	lang
1	die Nase	14	23
2	der Koffer	19	16
3	die Schere	20	21
4	das Bett	24	15
5	das Schloss	16	13
6	der Schal	23	20

		kurz	lang
7	die Dose	21	14
8	das Nest	18	22
9	der Hund	22	19
10	die Sonne	15	24
11	der Käse	14	17
12	die Treppe	13	18

2 Sprich die Wörter deutlich aus.
Wie wird der rote Selbstlaut gesprochen - kurz oder lang?

		kurz	lang
1	die Birne	11	9
2	das Bett	7	5
3	der Ofen	2	4
4	brav	6	12
5	bellen	10	3
6	das Essen	8	7
7	das Bad	4	1
8	das Geld	5	10

		kurz	lang
9	ich hatte	3	8
10	der Himmel	9	11
11	der Vater	12	6
12	rot	1	2

Wörter mit doppeltem Mitlaut nach kurzem Selbstlaut

3 Welches Kind fängt welchen Fisch?
Suche zu jedem Wort das passende Reimwort.
Schreibe die Paare auf.

Welche Katze spielt mit welchem Spielzeug?
Suche zu jedem Wort das passende Reimwort.
Schreibe die Paare auf.

4 Welches Wort gehört in den Satz?

Auf dem Bauernhof

1	Das Pferd steht im ___.	Stall 21	Zimmer 22
2	Es ___ Heu.	isst 19	frisst 20
3	Zum Trinken braucht es viel ___.	Sonne 21	Wasser 23
4	___ kommt es auf die Weide.	Im Sommer 22	Bei Gewitter 19
5	Dort ___ es frisches Gras fressen.	kann 17	nimmt 20
6	Am Abend wird es ___.	gegessen 23	gefüttert 19

Unfall auf dem Spielplatz

7	Du ___ schnell zum Spielplatz kommen.	sollst 13	rennst 14
8	Dein Bruder ist ___.	gebrüllt 16	hingefallen 15
9	Es sieht ziemlich ___ aus.	nass 22	schlimm 24
10	Es ist ___, wenn ihr nach Hause geht.	besser 18	schneller 13
11	Er sollte in Zukunft besser ___.	aufpassen 16	loslassen 15
12	Damit so etwas nicht wieder ___.	interessiert 24	passiert 14

5 Welches Wort muss eingesetzt werden? Schreibe die Wörter auf und unterstreiche den doppelten Mitlaut: ***Fe<u>tt</u>*****.**

Ein Menü für die Vögel

1 Zuerst lässt du das ___ in einem Topf vorsichtig schmelzen.

2 Dabei musst du ___!

3 Deine ___ oder jemand anderes sollte dir dabei helfen.

4 Dann muss das Ganze ein ___ abkühlen.

5 Wenn die ___ handwarm ist, vermischst du sie mit den Körnern.

6 Es können auch Sonnenblumenkerne, Rosinen und ___ sein.

bisschen 8

Nüsse 10

Mutter 12

aufpassen 9

Masse 5

7 Die Mischung wird zu einer Kugel ___.

8 Oder du ___ sie in einen Blumentopf, in den du einen Stock steckst.

9 Du ___ sie auch in Kiefernzapfen drücken und diese dann aufhängen.

10 Denke am besten schon im ___ an die Vögel.

11 Reife Beeren von Holunder und Eberesche lassen sich einfach ___ und trocknen.

12 Dann kostet dich das Futter nur wenige ___.

kannst 11

sammeln 2

füllst 1

Pfennige 4

Sommer 6

gerollt 3

**6 Welches Schiff gehört an welche Anlegestelle?
Überlege, welcher doppelte Mitlaut fehlt.
Schreibe die Wörter auf und unterstreiche den
doppelten Mitlaut:** *du<u>mm</u>*

7 Welche Mitlaute müssen eingesetzt werden? Schreibe die Wörter auf.

1 na..
2 das Bla..
3 der Ma..
4 schli..
5 die Que..e
6 die Karto..el

7 der So..er
8 die Gira..e
9 der Te..er
10 der Flu..
11 kapu..
12 der So..tag

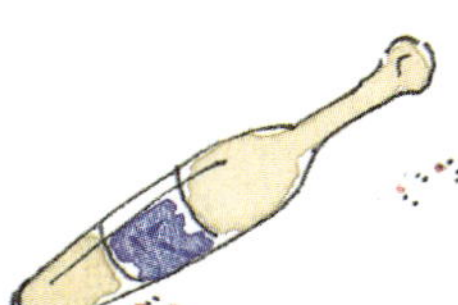

Tipp 2

Bei vielen Wörtern hörst du die beiden Mitlaute, wenn du das Wort deutlich in Silben sprichst:
der Him-mel.

8 Ergänze die fehlenden Silben. Schreibe die Wörter auf.

1 Auf dem Tisch liegt ein Mes___.

2 Daneben steht ein Tel___.

3 In einer Kan___ ist Saft.

4 Im Schrank sehe ich eine rote Tas___.

5 Aber der Schrank ist abgeschlos___.

6 Zum Glück steckt der Schlüs___.

7 Ich habe viele Bäl___.

8 Zusam___ sind es zwölf Stück.

9 Ich besitze auch drei Pup___.

10 Meistens spiele ich in meinem Zim___.

11 Oder ich tref___ mich mit einer Freundin.

12 Wir sam___ beide Aufkleber.

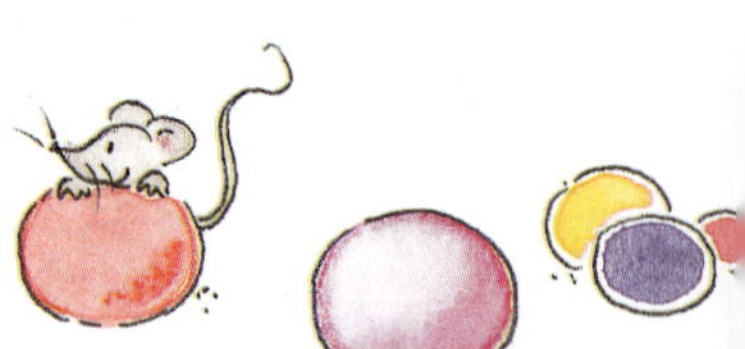

9 Welche Silbe muss ergänzt werden? Schreibe die Wörter auf.

Witze, Witze

1 „Warum sum___ die Bienen?"

2 „Sie haben den Text verges___."

3 Lehrer: „Lisa, kannst du dir etwas unter einer Hängebrücke vorstel___?"

4 Lisa: „Ja, Was___."

5 Fragt die Son___ den Mond: „Warum bist du so blass?"

6 „Weil ich im___ nachts arbeite."

7 „Warum fres___ Löwen rohes Fleisch?"

8 „Sie kön___ nicht kochen."

9 Gefängnisdirektor: „Wie konnte der Häftling aus Zelle 33 nur entkom___?"

10 Wärter: „Er hatte einen Schlüs___."

11 Gefängnisdirektor: „Hat er Ihnen den mit Gewalt entris___?"

12 Wärter: „Nein, den hat er beim Kartenspielen ehrlich gewon___."

An die Wortfamilie denken

Tipp 3

Wörter einer Wortfamilie werden gleich geschrieben:
hoffen, du hoffst, wir hoffen, ich habe gehofft.
Denke bei Verben (Tuwörtern) immer an die Grundform:
du hoffst - hoffen.
Sprich die Grundform deutlich in Silben aus.
Du hörst dann die beiden Mitlaute: *hof-fen.*

10 Suche zu der Grundform die passende Form des Verbs (Tuwortes). Schreibe beide Formen auf: *wollen - willst*.

1 Wann (wol-len) du morgen zu mir kommen?

2 Ich weiß noch nicht, ich (müs-sen) erst meine Mutter fragen.

3 Wie (gefal-len) dir mein neues Fahrrad?

4 Toll, du (las-sen) mich doch bestimmt damit einmal fahren.

5 Wiebke, (kom-men) doch bitte einmal zu mir!

6 Ich habe in meinem Schreibtisch eine Briefmarke gefunden. Du (kön-nen) sie bestimmt gebrauchen.

lässt 20
gefällt 22
willst 19
komm 15
kannst 24
muss 23

7 Wann (kom-men) du heute aus der Schule?

8 Das (kön-nen) ich jetzt noch nicht sagen.

9 Du (ken-nen) doch den Fabian aus der 3a.

10 Der hat mir gestern eine ganz dumme Frage (stel-len).

11 Advent, Advent, ein Lichtlein (bren-nen).

12 Erst eins, dann zwei, dann drei, dann vier,
dann steht das Christkind vor der Tür.
Und wenn das fünfte Lichtlein brennt,
dann hast du Weihnachten (verpen-nen).

gestellt 16
kennst 21
verpennt 17
brennt 13
kann 14
kommst 18

Tipp 4

Zu einer Wortfamilie gehören auch Wörter anderer Wortarten: *hoffen, die Hoffnung, hoffentlich.*

11 Zu jedem unterstrichenen Wort findest du ein Verb (Tuwort) in der Grundform aus der gleichen Wortfamilie.
Schreibe beide Wörter auf: *hoffentlich - hoffen.*

1 Hoffentlich ist morgen schönes Wetter.

2 Ich möchte nämlich ins Schwimmbad gehen.

3 Das ist seit einer Woche offen.

4 Zu Beginn werde ich vom Dreier springen.

5 Dieses Jahr will ich mein Schwimmabzeichen in Silber machen.

6 Ich kann schon über eine halbe Stunde schwimmen.

können 11
hoffen 10
schwimmen 12
beginnen 9
wollen 1
öffnen 7

7 Jasmin ist sehr wissbegierig.

8 Sie hat eine Sammlung von Versteinerungen.

9 Die ist sehr interessant.

10 Gestern habe ich auf dem Schulhof einen Unfall gesehen.

11 Ein Junge ist über den Rasen gerannt.

12 Dabei ist er mit seinem Kopf gegen das Klettergerüst gestoßen.

fallen 2
wissen 5
sammeln 3
interessieren 8
klettern 6
rennen 4

Wörter mit Wechsel im Selbstlaut

Tipp 5

Leider gibt es in manchen Wortfamilien ungleiche Geschwister:
fallen - du fällst - er ist gefallen, **aber:** *er fiel.*
Achte immer darauf, ob der Selbstlaut kurz- oder langgesprochen wird.

12 Was musst du an die Stelle des roten Zeichens setzen? Wie wird in dem Wort der Selbstlaut gesprochen?

treffen

1	Gestern tra♦ ich Saskia beim Einkaufen.	f 17	ff 23
2	Sie sagte mir, dass du dich heute mit ihr tri♦st.	f 22	ff 15
3	Vor ein paar Tagen habe ich sogar Helen getro♦en.	f 20	ff 14

kommen

4	Steffen, ko♦ mal her!	m 13	mm 18
5	Woher bist du geko♦en?	m 21	mm 19
6	Steffen ka♦ aus dem Wald.	m 16	mm 24

fallen

7	Tina ist schon einmal vom Pferd gefa♦en.	l 15	ll 21
8	Dustin fie♦ auf dem Schulhof in eine Pfütze.	l 23	ll 16
9	Mit deinen grünen Haaren fä♦st du überall auf.	l 14	ll 13

bekommen

10	Jochen hat zum Geburtstag einen Hamster beko♦en.	m 18	mm 20
11	Außerdem beka♦ er ein spannendes Spiel.	m 24	mm 17
12	Von mir beko♦t er ein Jo-Jo.	m 19	mm 22

13 Lege in deinem Heft folgende Tabelle an:

kurzer Selbstlaut	*langer Selbstlaut*
triffst	*traf*

Trage die Wörter aus Aufgabe 12 in die Tabelle ein.

14 Was musst du für das rote Zeichen einsetzen?
Achte darauf, wie der Selbstlaut gesprochen wird.

Ein neuer Freund

1	Gestern tra♦ ich den Neuen aus meiner Klasse	f 6	ff 12
2	Niklas ba♦ mich, ihm den Weg zur Bücherei zu zeigen.	t 9	tt 11
3	Er gefie♦ mir von Anfang an.	l 1	ll 3
4	Deshalb ergri♦ ich die Gelegenheit ihn zu begleiten.	f 4	ff 5
5	Wir ka♦en schnell ins Schwatzen und verstanden uns prima.	m 7	mm 1
6	So habe ich einen neuen Freund gewo♦en.	n 8	nn 10

Sonntagsausflug

7	Am Sonntag tra♦en wir uns mit Freunden und machten einen Ausflug.	f 3	ff 7
8	Beim Spielen fie♦ mein kleiner Bruder fast in einen Bach.	l 11	ll 6
9	Schnell gri♦ meine Mutter ihn am Arm.	f 5	ff 2
10	Vor Aufregung hat sie ihren Rucksack verge♦en.	s 10	ss 8
11	Auf der Rückfahrt ba♦en wir meinen Vater um ein Eis.	t 12	tt 9
12	Schließlich hat er sich erweichen la♦en.	s 2	ss 4

Wörter mit einfachem Mitlaut

Tipp 6

Es gibt einige Wörter, die mit einem einfachen Mitlaut geschrieben werden, obwohl der Selbstlaut kurzgesprochen wird.
Diese Wörter musst du dir merken:
als, bald, bis, halten, hat, man, mit, oft, stand, Freundin, Mitleid, Mitschüler, Schülerin, Schrift.

15 Welches Wort musst du hier einsetzen?

1 Beim Sportfest ___ sich Simone den Fuß verstaucht.

2 Nun ___ Anna auf dem Siegertreppchen.

3 Ich hatte großes ___ mit Simone.

4 Sie ist meine beste ___.

Mitleid 20

hat 23

stand 21

Freundin 24

halten 22

als 18

oft 16

Mitschüler 14

5 Viele meiner ___ spielen Fußball.

6 In der Schule ___ sie immer zusammen.

7 Aber sie raufen auch ziemlich ___.

8 Da sind sie auch nicht besser ___ die anderen.

man 17

bald 15

Schrift 19

Schülerin 13

9 Unsere Lehrerin achtet sehr auf saubere ___.

10 Eine ___ musste ihre Hausaufgabe noch einmal schreiben.

11 Meine Mutter meint auch: „Das braucht ___ im Leben."

12 Zum Glück gibt es ___ Ferien.

16 Denke dir mit den Wörtern aus dem Tipp selbst einfache Sätze aus und schreibe sie auf. Unterstreiche die Merkwörter.

Auch die folgenden Wörter werden häufig falsch geschrieben:
daran, darin, hinauf, heraus, herum, hinaus,
heran, voran, voraus, vorige, vorüber, warum.
Merke dir: Sie werden nur mit einem Mitlaut geschrieben.

17 Welches Wort musst du einsetzen?

1	In der ▬ Woche haben wir ein Diktat geschrieben.	warum 2
2	Ich habe ▬ leider viele Fehler.	vorigen 5
3	Wenn ich ehrlich bin, weiß ich auch ▬.	darin 3
4	Mein Vater will jeden Sonntag ▬ ins Grüne.	daran 7
5	Er meint, ▬ gebe es nichts zu rütteln.	herum 4
6	Mit keinem Trick komme ich um die Wanderung ▬.	hinaus 6
7	Meist geht es ziemliche Steigungen ▬.	voran 11
8	Dabei kommt man nur mühsam ▬.	heraus 1
9	Wie komme ich aus dem Trott nur ▬?	hinauf 10

10	Der Kapitän schrie noch: „Volle Kraft ▬!“	vorüber 9
11	Aber der Eisberg kam immer näher an das Schiff ▬.	voraus 8
12	Dann war plötzlich die Gefahr ▬.	heran 12

Wörter mit ck

Tipp 7

Nach einem kurzen Selbstlaut schreibt man *ck* (anstatt *kk*): *dick*, *Bäcker*.

18 **Suche die richtigen Wörter aus den Wörterschlangen. Schreibe sie auf.**

1 g.....
2 e.....eck..
3 S....
4 W.....
5 t......
6 L....

7 Sch.....
8 n....
9 G....
10 E...
11 Z....r
12 d......

19 **Schreibe die Wörter in dein Heft. Ordne sie nach dem ABC. Auf Seite 32 kannst du nachsehen, ob du die Aufgabe richtig gelöst hast.**

20 Zu jedem Wort findest du ein weiteres Wort aus der gleichen Wortfamilie. Schreibe beide Wörter auf.

1 das Päckchen
2 der Geschmack
3 die Strickjacke
4 der Druckknopf
5 der Bäcker
6 der Augenblick

drücken 5
backen 7
blicken 3
packen 6
schmecken 4
stricken 1

7 der Schreck
8 der Flicken
9 die Rückgabe
10 die Entdeckung
11 der Schmuck
12 die Schleckerei

entdecken 8

schlecken 10
erschrecken 9
flicken 11
zurückgeben 2
schmücken 12

21 Setze die passenden Wörter ein.

So ein Schreck!

1 Gestern habe ich beim Spielen meine ▬ vergessen.
2 Ich musste noch einmal zum Wäldchen ▬.
3 Schnell rannte ich um die ▬.
4 Da ▬ ich einen Hund. Er saß auf meiner Jacke.
5 Ich wollte mir gerade einen ▬ greifen.
6 Da ging der Hund zum ▬ von allein weg.

7 Mein bestes ▬ sah nicht mehr so gut aus.
8 Der Stoff war ziemlich ▬.
9 Aus dem einen Ärmel war ein ▬ gerissen.
10 Meine Mutter ▬ entsetzt, als sie mich damit sah.
11 Aber sie hat noch am Abend einen bunten ▬ aufgenäht.
12 Das hat sie sehr ▬ gemacht.

Vermischte Übung

22 In den folgenden Texten fehlen Wörter oder Teile von Wörtern. Was musst du einsetzen?

Herr Schneck

Max Kruse

Herr Schneck (mit seinem [1])
kommt so rasch, dass es braust
um die [2] gesaust.
Da schreit er laut: „Halt!!!
Fast wären wir zusammen[3]!
Herr!!! Sehen Sie nicht,
dass ich den Vorkriech habe.
Sie sind vielleicht ein [4]rabe!
Beinahe hätte es einen [5] gegeben,
mir verdanken Sie, dass Sie noch leben!
Sie haben wohl keinen Kriecherschein?"
„Nein!", [6] der Stein.

(Aus: Max Kruse/Jochen Bartsch: Windkinder. Verlag Ensslin und Laiblin, Reutlingen 1986)

Handarbeiten

Die Klasse 4b hat Handarbeiten.
Plötzlich [7] die Lehrerin hoch:
„Wie [8] !
Ich habe gerade eine [9] [10]."
Da beruhigt sie Doro: „Ach, da haben Sie aber noch [11].
So eine Nadel kostet doch nur [12]."

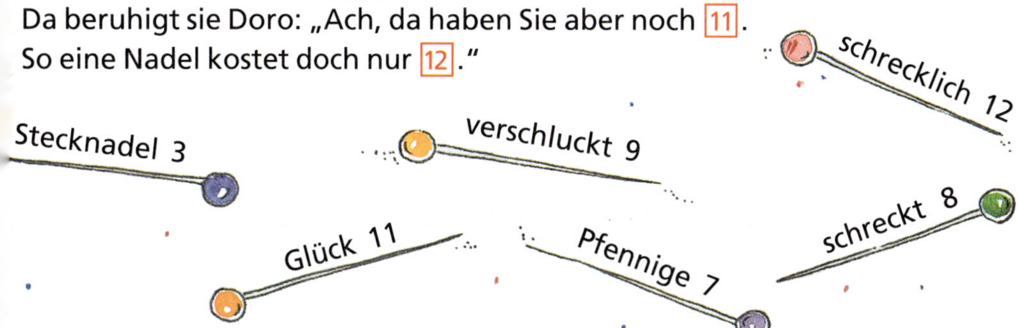

Wörter mit einfachem *k*

Tipp 8

Wenn nach einem kurzen Selbstlaut schon ein Mitlaut *(l, r, n)* steht, dann folgt ein einfaches *k*:
*kra**nk**, fli**nk**, li**nk**s, die Ba**nk**, der Mar**k**t.*
Bei einigen Wörtern ist es hilfreich, die Grundform des dazugehörigen Verbes (Tuwortes) zu suchen und es deutlich in Silben zu sprechen. Dann hörst du die beiden Mitlaute: *die Tankstelle – tan-ken.*

23 Zu jedem Wort findest du ein weiteres Wort aus der gleichen Wortfamilie. Schreibe beide Wörter auf.

1 die Tankstelle
2 der Gestank
3 das Blinklicht
4 das Merkheft
5 der Dank
6 das Lenkrad

tanken 20
merken 19
blinken 21
stinken 24
lenken 23
danken 16
zanken 14
schenken 13
stark 17
krank 15
denken 22
trinken 18

7 die Trinkflasche
8 der Zank
9 der Gedanke
10 das Krankenhaus
11 das Geschenk
12 die Stärke

24 Jetzt musst du gut aufpassen.
Lies dir Tipp 7 (S. 18) und Tipp 8 (S.22) noch einmal durch.
Was gehört an die Stelle des roten Zeichens - *ck* oder *k*?
Schreibe die Wörter auf.

Ein Unfall

		ck	k
1	Malte passt beim Fahrradfahren einen Augenbli♦ nicht auf.	7	3
2	Zu spät erbli♦t er das Auto.	9	6
3	Mit dem Len♦er stößt er gegen die Seite des Autos und stürzt.	4	12
4	Malte hat aber noch Glü♦, nur sein Arm ist gebrochen.	8	11
5	Nun liegt er im Kran♦enhaus.	2	5
6	Wir besuchen ihn morgen und schen♦en ihm ein spannendes Buch.	12	10

Omas Geburtstag

		ck	k
7	Meine Eltern haben Oma Schmu♦ mitgebracht.	3	7
8	Meine kleine Schwester Ines hat einen Strauß Blumen gepflü♦t.	1	9
9	Tante Lena kam mit einem selbst geba♦enen Kuchen.	11	8
10	Ich habe einen Blumentopf mit Glü♦sklee gekauft.	6	1
11	Oma hat sich über alle Geschen♦e sehr gefreut.	5	2
12	Als Dan♦ bekamen wir alle ein großes Eis.	10	4

Wörter mit tz

Tipp 9

Nach einem kurzen Selbstlaut schreibt man *tz* (anstatt *zz*):
*der Bli**tz**, si**tz**en.*

**25 Setze die passenden Wörter ein.
Schreibe sie auf.**

spritzt 20

Blitz 19

schützt 21

Mütze 17

Netz 24

Pfützen 22

1 Zum Donner gehört der ▬.

2 Der Regen bildet auf der Straße ▬.

3 Fische fängt man in einem ▬.

4 Wenn Wellen gegen einen Felsen schlag
dann ▬ es.

5 Im Winter ziehe ich eine ▬ auf den Ko

6 Die ▬ auch meine Ohren.

7 Wer ▬ lacht, lacht am besten.

8 Humor ist, wenn man ▬ lacht.

9 Auf die ▬, fertig, los!

10 Jetzt sind nur noch zwei Läuferinnen an der ▬.

11 Ich mag gern mit meiner ▬ schmusen.

12 Wenn sie nicht will, dann ▬ sie mich.

kratzt 15

Spitze 18

trotzdem 13

Katze 14

zuletzt 16

Plätze 23

26 Zu jedem unterstrichenen Wort findest du ein weiteres Wort aus der gleichen Wortfamilie in den Bildern. Schreibe beide Wörter auf.

Wasserschlacht

1 Heute bin ich zur Schule gehetzt.
2 Eigentlich sitzt Jennifer neben mir.
3 Aber heute setze ich mich neben Vanessa.
4 In der Pause hat Tobias mit Wasser gespritzt.
5 Ich bin fast geplatzt vor Lachen.
6 Julius hat Tobias verpetzt. Das war gemein.

Mucki

7 Gestern Nachmittag war es warm und ich habe geschwitzt.
8 Ich habe mich mit meinem Kaninchen Mucki in den Schatten gesetzt.
9 Beim Füttern kratzt mich Mucki oft.
10 Deshalb habe ich meine Hände mit Handschuhen geschützt.
11 Das hat mir jedoch nichts genützt.
12 Ich war aber nicht ernsthaft verletzt.

Wörter nur mit *z*

Tipp 10

Wenn nach einem kurzen Selbstlaut schon ein Mitlaut (*l, r, n*) steht, dann folgt nur ein *z*: *der Arzt, kurz*.
Oft hilft es dir, solche Wörter in Silben zu sprechen: *Pflan-ze, stür-zen.*
Du hörst deutlich den vorausgehenden Mitlaut und das *z*.

27 Setze die passenden Wörter ein. Schreibe sie auf.

1 Bäume sind sehr große ___.
2 Ihr Stamm besteht aus ___.
3 Fichten riechen gut nach ___.

4 Gestern bin ich vom Fahrrad ___.
5 Ich musste sogar zum ___.
6 Der ___ war kaum auszuhalten.

7 Steffens junger Hund hat ein ___ Fell.
8 Wenn er mich sieht, wedelt er mit dem ___.
9 Dann bellt er, aber nur ___.

10 Sina hat sich ein rotes ___ an einer Silberkette gekauft.
11 Das hat ___ Mark gekostet.
12 Darauf ist sie jetzt ___ stolz.

28 **Jetzt musst du gut aufpassen.**
Lies dir Tipp 9 (S. 24) und Tipp 10 (S. 26) noch einmal durch.
Was gehört an die Stelle des roten Zeichens - *tz* oder *z*?
Schreibe die Wörter auf.

Beim Sportfest

		tz	z
1	Wir gehen auf unsere Plä♦e.	12	3
2	Wie der Bli♦ laufen wir los.	8	7
3	Mein Her♦ schlägt wie verrückt.	5	10
4	Jetzt nur nicht stür♦en.	4	11
5	Erster! Das ist Spi♦e!	3	12
6	Mein Hemd ist völlig nass geschwi♦t.	7	8
7	Da fängt es plö♦lich an zu regnen.	1	6
8	Der Regen dauert nur kur♦.	10	5
9	Aber es bilden sich überall Pfü♦en.	9	2
10	Ich bin gan♦ nass.	11	4
11	Beim Werfen werde ich dann auch noch Le♦ter.	6	1
12	Es ist tro♦dem ein erfolgreicher Tag für mich.	2	9

Wörter mit zwei Mitlauten durch Zusammensetzung

Tipp 11

Auch durch Zusammensetzung können zwei gleiche Mitlaute aufeinander folgen:
zer + reißen = zerreißen; Motor + Rad = Motorrad.
Sprich die Wörter deutlich in Silben aus, damit du die Zusammensetzung erkennst: *zer-rei-ßen, Mo-tor-rad.*

29 Ergänze die fehlenden Wortbausteine. Schreibe die vollständigen Wörter auf.

-rückt 18 | er- 16 | -rostet 19 | ent- 14

Ein missglückter Ausflug

1. Der letzte Sonntag war ziemlich ___regnet.
2. Trotzdem machte ich einen Ausflug mit dem Fahr___.
3. Eigentlich wollte Tim mitfahren. Ich war ___täuscht, als er absagte.
4. Er meinte, es sei ver___ bei diesem Wetter zu fahren.
5. Mein Rad ist schon alt und ver___.
6. Aber ich habe mein Ziel immer ___reicht.

-rad 15 | ver- 17

7. An diesem Sonntag aber musste ich an einem Hang stark ___bremsen und ich stürzte in den Graben.
8. Meine Hose war zer___ und alles war dreckig.
9. Außerdem hatte ich mir den rechten Fuß ___renkt.
10. Ich musste meinen Ausflug ab___.
11. Als meine Mutter mich sah, hat sie gleich alles ___raten.
12. Zum Trost hat sie mir aus ihrem geheimen Vor___ an Süßigkeiten eine Tafel Schokolade geschenkt.

-rat 22 | er- 24 | ab- 21 | -rissen 23 | ver- 13 | -brechen 20

Wörter mit drei oder mehr Mitlauten

30 **Welcher Buchstabe gehört an die Stelle des roten Zeichens? Sprich die Wörter deutlich aus. Schreibe die Wörter auf.**

Ein nächtliches Abenteuer

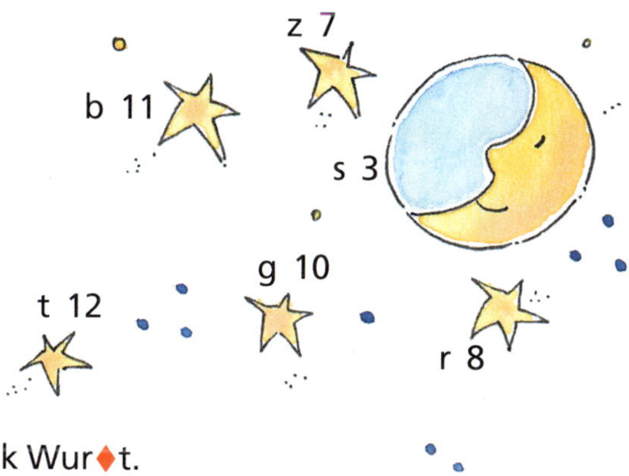

1 Letz♦e Nacht wachte ich auf.

2 Ich hatte Du♦st.

3 Hun♦rig war ich auch.
Also schlich ich in die Küche.

4 Auf dem Tisch lag O♦st.

5 Aber ich hatte Lust auf ein Stück Wur♦t.

6 Als ich den Kühlschrank öffnete, hörte ich plöt♦lich ein Geräusch.

7 Das Geräusch kam vom Fe♦ster.

8 Ersch♦ocken drehte ich mich um.

9 „Was ist das?", dachte ich ängs♦lich.
Da, schon wieder das Geräusch!

10 Im gleichen Augen♦lick sah ich meinen Hamster in sein Häuschen rennen.

11 Ich hatte ihn vor drei Tagen zum Geburt♦tag bekommen.

12 Der Hamster ist immer aben♦s und in der Nacht munter.

Lernspiel

Spieler/Spielerinnen: 2 -
Material: ein Würfel, 2 - 4 Setzstein
Ihr zieht so viele Felder vor, wie ihr Augen auf der
Würfel habt. Auf einem Ereignisfeld (🐵) lest ihr eine
Satz der Geschichte (in der Reihenfolge 1 - 12
Ihr entscheidet, welches Wort eingesetzt werden mus
und legt das entsprechende LÜK-Plättchen ab
Das Spiel ist zu Ende, wenn alle Plättchen gelegt sin

Ihr könnt dieses Spiel auch mit einem Partnerdikt
verbinden. Wer auf einem Ereignisfeld steht, darf seine
rechten Nachbarn das eingesetzte Wort diktiere

klettern 20 gefallen 24 klammert 2

Schwanz 14 rennt 21 kommt 2

Mütze 16 nützt 13 guckt 1

Herz 15 trotzdem 19 zurück 1

…esuch bei …en Affen

1. Familie Stiller ▬ endlich dazu in den Zoo zu gehen.
2. Jan ▬ gleich zu den Affen.
3. Die Schimpansen ▬ wie toll in einem Gerüst herum.
4. Fast wäre ein Junges vom Baum ▬.
5. Aber die Affenmutter hält es am ▬ fest.
6. Danach ▬ sich das Junge ängstlich an ihr Fell.
7. Als ein Wärter den Käfig betritt, klaut ein Affe seine ▬.
8. Der Wärter ▬ sehr ärgerlich.
9. Aber er muss ▬ lachen.
10. Es ▬ nichts, er muss dem Affen eine Banane geben.
11. Nur so bekommt er seine Mütze ▬.
12. Alle haben die Affen in ihr ▬ geschlossen.

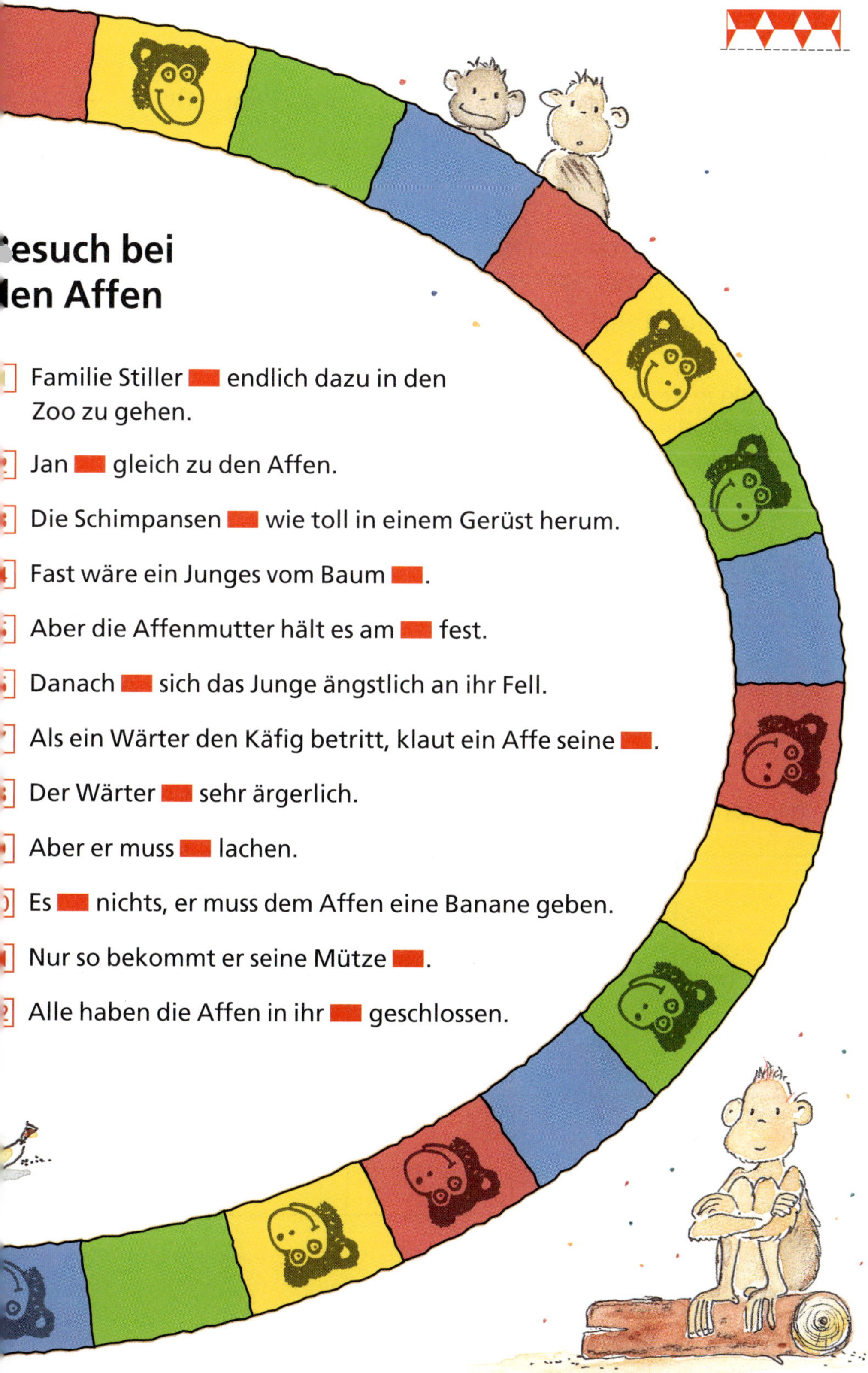

Mit LÜK Bingo spielen

★ Lege alle Plättchen mit der Bildseite nach oben in den LÜK-Kasten. Die Anordnung ist beliebig.

★ Drehe ein Plättchen um. Lies die Nummer des Plättchens. Im Bingoplan unten findest du unter dieser Nummer ein Wort (z.B. 6 → kaputt).

★ Schreibe das Wort in dein Heft und belege das Feld im Bingoplan mit einer Büroklammer oder etwas Ähnlichem.

★ Wenn du fünf Felder senkrecht, waagerecht oder diagonal belegt hast, heißt es „Bingo!" und du bist fertig.

★ Das Feld in der Mitte ist ein Jokerfeld. Dafür gibt es kein Plättchen. Du kannst dieses Feld frei wählen, das Wort aufschreiben und das Feld belegen.

★ Spannender ist Bingo, wenn du es mit einem Partner oder einer Partnerin spielst. Dafür braucht ihr dann einen zweiten LÜK-Kasten und eine Kopie des Bingo-Plans.

1 du kannst	6 kaputt	11 zuletzt	15 bisschen	20 geirrt
2 der Herr	7 der Mann	12 du musst	16 sie rannte	21 falls
3 allein	8 schlimm	du willst	17 es passiert	22 wann
4 am Mittag	9 denn	13 dann	18 vielleicht	23 ich kann
5 sie schwimmt	10 glücklich	14 jetzt	19 du stellst	24 schnell

Lösung für Übung 19:
dreckig Ecke erschrecken Glück gucken Lücke nackt Schnecke Stock trocken Wecker Zucker